따뜻함의 언저리

따뜻함의 언저리

문영길 제6시집

청옥

만족할 수 없으니 늘 생각의 언저리만 뱅뱅 맴돈다.

쓰고 나면 넋두리가 되는 문장들을 불쏘시개로 삼아보지만

희나리의 매운 연기만 모락거린다.

시인이란 이름으로 행간을 기웃거린 18년!

염치없이 쌓아둔 치레의 이력이 민망하다.

내심 누군가 딴지 걸어올까 싶어

여섯 번째 시집 속으로 줄행랑을 놓는다.

차례

5 … 시인의 말

제1부 오늘은 검색하다가 문득

15 … 생각을 조작해 드립니다
16 … 관계의 재설정
17 … 웃음의 자음
18 … 유목민
19 … 동백의 풍장
20 … 유튜브 제국의 비열한 장사치
21 … 임대문의
22 … 기억의 판독
23 … 주식 요행 보고서
24 … 궁금증
25 … 편의점에선 꿈을 팔지 않는다
26 … 자갈치 난전
27 … 객관적인 절망
28 … 11월의 어느 새벽
29 … 이참에 나도
30 … 몹쓸 비유
31 … 인연이라는 끈
32 … 빙점氷點
33 … 폐업 - 20년의 세월을 철거하다
34 … 가장자리, 가장家長의 자리

제2부 굳이 표현하자면

37 ··· 굳이 표현하자면
38 ··· 네가 하현달로 뜨던 밤에
39 ··· 경쟁 그래프
40 ··· 신석기 시대를 살다
41 ··· 포구의 하룻밤
42 ··· 모란
43 ··· 허물을 벗다
44 ··· 수직의 길
45 ··· 일방적인 결말
46 ··· 이모티콘의 표정
47 ··· 껍데기의 조언
48 ··· 오륙도
49 ··· 익명의 시간
50 ··· 그때그때 달라요
51 ··· 재부팅
52 ··· 껴묻거리
53 ··· 홍매紅梅보러 가는 길
54 ··· 낙동강 하구언
55 ··· 시의 맛

제3부 눈물의 건기

59 … 갯벌에서 캐내는 삶
60 … 눈물의 건기
61 … 이별의 악장樂章
62 … 모름지기
63 … 아버지의 초상肖像
64 … 어쩌자구
65 … 가을을 사르다
66 … 오줌싸개
67 … 희극의 변주
68 … 생의 막장
69 … 혹시
70 … 강요된 휴식
71 … 존경하는 국민 여러분
72 … 어슬녘 풍경
73 … 인생, 비탈밭을 경작하다
74 … 레드와인
75 … 부전시장에서 생을 흥정하다
76 … 떠돌이별
77 … 전쟁을 프로그래밍하다

제4부 계절의 나들목에서

81 ··· 을숙도, 갈대로 서다
82 ··· 오도카니
83 ··· 불멸의 강
84 ··· 가을을 배웅하다가 문득
85 ··· 거기, 송도에는
86 ··· 자장암 계단을 오르며
87 ··· 철새의 군무群舞
88 ··· 봄이 오는 길목에서
89 ··· 오월의 카르멘
90 ··· 몽유夢遊, 장미를 탐하다
91 ··· Muine Bamboo Village의 작은 새
92 ··· 설원의 고사목
93 ··· 광란의 변주
94 ··· 말치레
95 ··· 봄비 그친 아침
96 ··· 물결 위에 그린 그림
97 ··· 인천공항 가는 길
98 ··· 권태기
99 ··· 수작

제5부 시나브로

103 ··· 따뜻함의 언저리
104 ··· 장생포 기행
105 ··· 미소, 마지막의 기억
106 ··· 거룩한 분노
107 ··· 대양의 끝에서 스러지다
108 ··· 내비게이션
109 ··· 개팔자가 상팔자
110 ··· 묵비권
111 ··· 적당한 거리
112 ··· 108배
113 ··· 집어등 전광판
114 ··· 음계 '파'
115 ··· 바닥의 고요
116 ··· 생각의 프리즘
117 ··· 당근 마켓
118 ··· 시간을 건너는 해파리
119 ··· 산사의 묵언
120 ··· 그것참
121 ··· AI에게 묻다
122 ··· 임대문의

해설 123 ··· 송명복 / 상처 깊은 옹이가 빚은 생의 무늿결

제1부

오늘을 검색하다가 문득

생각을 조작해 드립니다

편향으로 이끄는 그 무엇에 시나브로 매달려
알고리즘에 엮여 따라가다 보면
진실은 취향에 따라 신념으로 전이된다는 걸

내가 선택한 것처럼 설계된 의도에 따라
타의를 진의로 수정 변경하고
다수결의 왜곡이 확신을 대변해 준다는 걸

쉽게 불타오를 분노가 열등의 자아를 선동하여
편집된 진실을 확대재생산 시켜
관음에 중독된 분별의 기능이 마비되었다는 걸

클릭 한 번에 조력자가 되고 동지가 되는
익명 속에서 마음대로 조작이 가능한
교묘하게 위장된 친절한 변수가 도사린다는 걸

묻지도 따지지도 않는다면서…

관계의 재설정

 서로의 측은함을 부축하다가 인생의 모서리가 뭉툭해지면 "익숙하다"를 "시큰둥하다"로 읽으며 헐렁하게 늘어진 속옷처럼 편안해진다.
 황색 신호등 앞에서 갈까 말까를 망설이다가 떼인 신호위반 딱지처럼 웬수와도 같은 정을 어쩔 수 없이 인정해야 한다.
 구겨진 자국은 곱게 펴도 한때 속상했던 기억을 말끔하게 마름질하지 못해서 불안할수록 환하게 웃어야 안심이 되는 위로에 익숙해진다.
 슬쩍 걸쳐 입는 잔소리에 따뜻해진 케케묵은 서운함이 어설프게나마 미안한 표정을 짓는다
 밤새 아내와 주고받는 코 고는 소리가 사뭇 다정하다.

웃음의 자음

사진으로만 존재하는 정답던 기억의 되새김
분분한 낱말의 자음을 물끄러미 바라보며 너의 근황을 추리한다
ㅋㅋ- 웃음이 번질 때마다
당겨진 입꼬리에선 지금도 앵두꽃이 키득키득 피고 있을까

갈피를 못 잡던 모호한 표정이 생의 갈피에 끼워져
다정하던 한때를 출력할 때마다
ㅍㅍ- 수줍게 마찰하는 입술에서 피식피식 흘러넘치는 아련함은
지우지 못한 낙서로 남은 네 이름 때문일까

ㅎㅎ- '하하' '호호' '허허' 어떤 웃음 기호로 오늘을 꽃받침을 할 건지
감정의 괄약근이 약해졌다면 '허허'를 추천해도 될까

딱딱하게 굳어 아무리 깨물어도 씹히질 않는 내 웃음 때문에
말캉한 너의 웃음을 마냥 깨물고 싶은 심심한 오후 한나절
기분의 마찰음을 어제에서 빌리지 않으려고 해
카톡을 열기만 하면 즉흥적으로 떨어지거든 ㅋ, ㅎ, ㅍ

유목민

당신은 초원의 유목민
별빛을 헤아리며 걷는 그만큼에서
보이는 그곳까지를 소유할 수 있습니다
대지는 열린 길을 만들고 발길 닿는 곳이 곧 영역입니다
적요의 시공을 건너는 말의 안장 위에서
어룽거리는 지평선 너머를 상상하는 동안 별똥별이 집니다
정착을 꿈꾼다는 건 지켜야 할 울타리를 만드는 것
손쉽게 허물 수 있는 거처는 유랑의 또 다른 이름입니다
세상의 모든 방향을 품은 채

당신은 도시의 유목민
집주인이 허락하는 만큼만 머물 수 있습니다
자고 나면 치솟는 집값에 소유는 가당치도 않습니다
밑천 없이 인생의 도박을 할 순 없으니
떠도는 셋방살이의 유랑
엄밀히 말하자면 도시의 난민입니다
그래도 별빛만큼은 공평하게 나눠 가지니 다행입니다

동백의 풍장

햇볕에 몸을 맡겼던 한순간이 저물면
이제는 바람의 손길에 순응해야 할 시간입니다
파티에 초대되어 누린 황홀함은
한 음절의 감탄사에 저장해두어야 합니다
찬연했던 빛깔을 되돌려주기까진
생의 허무마저 온전히 벗어 두어야 합니다
푸른 그늘에서 이슬 한 모금도 넘기지 못할 때
허락되는 자유여야 합니다
애도 기간은 딱히 정하지 않을 테니
한 줌 바람으로 찾아오는 조문이라면
굳이 사양하지 않겠습니다
수습하지 못한 미소는
부활의 징표라 여겨도 좋을 듯합니다

유튜브 제국의 비열한 장사치

혐오를 숙주로 삼는 협잡의 교활한 실체는
얄량하게 포장되곤 한다

타인의 고통과 비극을 오락거리 삼으며
댓글 창에 번식하는 극한의 능멸
볼썽사나운 익명의 들개 떼들
밤새 부풀린 억측을 신념이라 우겨댄다

능욕할수록 잔인할수록 파렴치할수록
좀 더 자극적인 선동이 조회횟수를 높일 때마다
편향에 중독된 추종자들의 놀이터엔
추측과 의혹이 돈으로 환산되어 암거래된다

상처 입은 손쉬운 사냥감들은 지천이고
늘 사정거리 안이다

임대문의

살아남으려는 몸부림은
매출표에 눌러 찍힌 숫자로만 남고
텅 빈 의자들은
손님 대신 한숨을 앉혀 둔다

임대문의 현수막은
어두운 거리에 문패처럼 흔히 걸렸고
꿈을 걸어 잠근 셔터
희망의 그림자가 노숙 중이다

영문도 모른 채 떠밀린 벼랑 끝에서
절실함만 아등바등 눈물겹고
거리엔 늘 새로운 간판이 빛나지만
어디선가는

별
똥
별로 사라지는 중이다

기억의 판독

미처 지우지 않은 핸드폰의 사진
꽃봉오리에서 읽어내던 시간의 흔적과
한껏 펼친 선명한 빛깔
분방한 향기로 봉인된 비밀을 연다

분명 지극했었을 한때
접어둔 어떤 생각이나 감정들이
포착된 찰나를 펼쳐 보일 때
환한 웃음의 뒷면이 궁금해진다

오래전 기억 되새김해 추궁할 때마다
같은 이야기의 다른 결말
유효기한 넘긴 내력을 삭제하기 전
마지막으로 타인이 될 그를 불러낸다

주식 요행 보고서

녹색에 오르막의 숨 가쁜 환희
붉은색에 곤두박질의 신음
분 단위로 들쭉날쭉한 희비이다

이성은 로그아웃하고
욕망만 접속해
수시로 고쳐 쓰는 요행 보고서다

상승기류에 편승해
투자라 믿었던 요행의 날갯짓
무풍지대의 협곡엔
꿈의 잔해들이 즐비하다

바람의 방향을 꿴 콘도르에게
제물로 바쳐진

궁금증

내가 너를 얼마나 사랑했는가 보다
네가 나를 얼마나 사랑했는지가 더 궁금할 때
내가 네게 얼마나 주었는가 보다
네가 내게 얼마나 주었는지가 더 궁금할 때

못 주어서 안달인 걸까
못 받아서 안달인 걸까

부엉이셈으론 풀 수 없는 방정식

편의점에선 꿈을 팔지 않는다

핑곗거리를 파는 편의점은 늘 열려 있어서
심약한 의지가 단골로 드나들었고
불안한 낯빛으로
수면제 대신 소주 한 병을 사곤 했다

한숨 속에 아슴푸레 떠도는 구차함이 낯익어
마주칠 때마다 무덤덤한 악수로
익명의 호기심을 곁눈질이라도 할라치면
암호화시킨 표정이 검색을 차단한다

곱씹던 후회가 요약되면 초기화되는 꿈의 비밀번호
셀수록 헷갈리는 양 떼는 알람 소리에 맞춰
몽골의 초원 너머로 사라지곤 했다

누군가의 싱그런 아침을 표절할 때마다
찌르르한 통증
밤새 싱싱한 피를 흡혈한 나팔꽃의 입술이 붉다

자갈치 난전

바다의 모서리를 빌어와 지척에 두고 보는
등 푸르른 꿈
파라솔마다 해바라기처럼 햇살을 쟁이고
하루 치의 비릿함을 판다는 건
도다리처럼 내내 곁눈질하는 일이다

억센 사투리만 빼면 절절한 흥정인데
기다림을 널어놓은 난장에서
제 한 몸 건사하기 힘든 고등어
흐릿하게 감기는 눈 애써 치켜뜨고
한 벌뿐인 푸른 정장의 매무새를 고친다

손님 그림자조차 반가워
고무장갑 낀 손이 부산스럽고
비린내를 얼추 토막 내
검은 봉지에 담기는 생의 살점들
바다가 아무렇잖게 출렁거린다

객관적인 절망

묵묵히 빈 테이블을 응시하는 막걸릿집 사장
인내의 유효기간을 검색해 보곤 하지
언제 전이될지도 모를 무기력
체념이 번지는 속도는 너무나도 빨라서
희망의 잔액을 살피기도 전
항복의 깃발로 내걸리는 임대문의 현수막이지

절망의 투신을 막기 위해 날개는 접어두고
달동네의 가파른 길만 열어두면
세상 탓의 변명이 덩굴장미로 붉게 피어나겠지
불빛만 따스하면 가난도 견딜만한 이유가 된다니
비탈 동네마다 개똥벌레처럼 불 밝히고
서로 가여워 부둥켜안는 정에 기대어 사는 거지

11월의 어느 새벽

아직 보이지 않는 존재
새벽종 소리를 밟으며 그가 도착하길 기다린다
어슴새벽에 눈 비비며

귀가 어두운 신께서 한 번도 듣지 못한 기도가
어머니로부터 전송되는 장독대
수신 불가의 메시지가 하현달로 뜬다

능선을 밟는 짐승들의 발걸음 소리에
지난밤 참회의 눈물을 기억하는 새벽이슬
죄 사함의 은혜가 서리꽃으로 핀다

운무에 휩싸였던 억새가 제일 먼저
피지도 못하고 시든 웃음을 거두는 동안
희망은 어떤 모호한 표정으로 깰지

서먹한 눈인사 정도는 준비해도 괜찮겠다

이참에 나도

헐겁게 허리끈 풀어 둔 박넝쿨처럼
늙을수록 은빛으로 맵시 나는 억새처럼
느긋하게 허허롭게

걱정하는 표정 조금도 없는 늙은 갈참나무 밑에서
낙엽 지는 웃음 하나
우표딱지로 이마에 척 붙이고

우듬지에 몰캉몰캉한 선홍빛 땡감처럼
담 위에 늙은 호박처럼
운치 있게 인심 좋게 넉살 좋게

이참에 나도 가을이나 닮을까 보다

몹쓸 비유

금연한 지 일주일째인 그는
가자지구에 미사일이 떨어져 번쩍거리고
포연 자욱한 장면이 TV 화면에 뜰 때마다
간절하게 담배가 피고 싶었다

생사의 갈림길인 비극의 한 장면을
희화화하는 지독한 욕구
휴전의 마지막 협상을 위해
한 모금을 아껴두었을지도 모른다

포탄이 터질 때마다 화르르 점화되는 담뱃불
죽음의 예언이 자욱한 연기로 피어오를 때마다
새까맣게 그을린 폐에서
구차스러운 변명이 몽실몽실 피어나곤 했다

* 가자지구-팔레스타인 서부지역으로 이스라엘과 접한 중동의 화약고 하마스의 도발로 2023년 10월 7일 전쟁이 발발함

인연이라는 끈

현실에 잘 붙들어 매인 연 끈처럼
희망을 길어 올릴 수 있는 두레박 끈처럼
인생길 잘 걷도록 동여맨 신발 끈처럼
주체못하는 인생을 잘 묶어준 포장 끈처럼
당신은 내 삶의 끈이었다

그러나 나는
죄도 없는 당신의 인생을 옭아맨…
포승줄이었다

빙점 氷點

햇빛마저 얼어붙는 대립의 극점
결빙된 투명한 언어
불신의 빙점에 갇힌 아집이다

오기가 녹아내리기 전까지
견고한 한계는 움쩍도 하지 않겠지

따뜻한 한 방울 눈물이
차가운 경계심을 녹일 때까지는

폐업
— 20년의 세월을 철거하다

20년의 생을 묻었다기엔 너무 보잘것없는
다만 쓰레기일 뿐인 잔해들
켜켜이 쌓인 세월의 흔적이 먼지로 날린다

철거작업으로 벽이 뜯기고 천장이 주저앉으면
흉물스럽게 드러나는 콘크리트 뼈대
오랜 애착이 탈골되어 심한 통증을 앓는다

야금야금 갉아먹던 보증금이 비상식량으로 남은
겨우 이것뿐인
20여 년의 인생 결산서가 민망하다

가장자리, 가장家長의 자리

사회라는 거대한 흐름의 가장자리
세월이 떠안긴 허울뿐인 존대가 시큰둥하다

한때 굳건히 지켰던 가장의 자리
불황에 내몰린 폐업으로 권위를 잃었다

남은 건 뼈대만 앙상한 자긍심의 기둥
위태롭던 전성시대는 허무하게 막을 내렸다

사회의 가장자리로 떠밀릴 때마다
지키려 했던 가장家長의 자리마저도…

밤마다 야생의 사바나를 누비며
꿈속에서 포효하는 울음소리가 절박하다

제2부

굳이 또 현학하자면

굳이 표현하자면

서릿발 푸석한 마음 저편에서
곁가지에 매달린 나뭇잎을 사랑한다는 것은
속살까지 단풍이 물드는 일입니다

붉어진 눈시울 어쩌지도 못하고
그리워한다는 것은 옹이를 가슴에 품고
무시로 세월을 견디는 일입니다

말하지 않아도 이미 다 알 수 있는
침묵 속에 순례자가 된다는 건
결핍을 오롯이 사랑하는 일입니다

막연한 기다림을 묻어두고
먼 길 떠난다는 것은
별 하나에 이름을 붙여주는 일입니다

네가 하현달로 뜨던 밤에

하현달 명치 끝에 쓸쓸하게 걸리던
밤의 되새김

이미 잊혔다고 믿었던 이름 하나
가로등 불빛 아래 덩그러니
아스라한 기억의 낡은 서랍을 열어
어렴풋한 슬픔을 들춰본다

애초부터 설명하지 않을 심산으로
네가 남겨놓고 간 침묵
켜켜이 개어 포개놓은 부질없던 다짐이
심드렁한 표정을 짓는다

비극의 첫 문장을 위대한 사랑이라고
썼던 건 참 웃기는 일

경쟁 그래프

그래프의 높낮이로 인생 실적이 설정된다
판매실적, 보험실적
요약된 비교가 단순명료하다
한 눈금 올리느라
염치없이 발라먹은 체면의 뼈가 수두룩하다

고급 아파트의 평수가 인생 서열을 정리 중인데
내가 산 주식만 꽝꽝 내리박히는 말뚝이다
비교당할 때마다 낮아지는 자존심 그래프
단체 사진 찍을 때마다 신체 그래프를 높이려
발끝 서기 하느라 시큰한 발목이다

신석기 시대를 살다

얼마 전까지 그는 날 것의 희망을 사냥해 뜯어 먹곤 했지만
이젠 절실함을 익혀 먹을 만큼 진화했지요
와이파이가 터지지 않는 그의 생각은 원시적이고 효율성이 떨어져서
주변인들은 고리타분한 거리를 두곤 하지요
그가 사냥할 동물들은 능력의 사정거리 밖이어서
늘 배고픈 그의 아내와 새끼는 어쩔 수 없이 초식성으로 입맛이 변해요
그는 문명인의 음식물 찌꺼기를 두고 요즘 북극곰과 다투곤 해요
단백질이 부족한 사랑은 저절로 돋는 제 날갯죽지를 뜯어 먹곤 하지만
아직까진 사람이 사람을 사냥한다는 끔찍함엔 동의할 수 없어요
그 사이 광케이블을 타고 AI가 이주했다는 소문이 자자하지만 믿을 순 없어요
그의 타임머신은 신석기에서 고장 나 멈췄기에
지구가 뜨거워지는데도 다른 행성으로 탈출할 수 없어서서히 죽어가요

포구의 하룻밤

해 저문 포구에 정박한 외로움
비릿한 갯바람이
텅 빈 부둣가를 어슬렁거린다

고단한 생의 그림자
달빛에 어슴푸레 어른거린다

어둠 속 아스라한 별빛
얕은 초저녁잠에 수시로 돌아눕는다

허름한 술집엔
질리도록 들은 세상사 푸념이 넘실넘실
이미 정으로 얼큰하게 취했다

휘청거리는 걸음을
간신히 부축하는 가로등 불빛
쓸쓸함만이 만선이다

모란

둥글게 말린 몸 조심스레 펼치자
노란 꽃술에서 발화되는
알 듯 모를듯한 향기
초록빛 연기 사이로 언뜻언뜻
치솟는 불길
온몸으로 한나절을 태우고 있다
5월이 검붉다!

허물을 벗다

옥상 빨랫줄에 펑퍼짐한 몸매를 널어놓은
원피스에서 다투어 피는 꽃들

미장원 여주인은 기억의 틈새마다
청순하고 날씬했던 어제를
감당하지 못하는 부푼 꿈들을
허물로 벗어 두었을 것이다

돌담 틈바구니에
알록달록한 허물 벗어 두곤 하던 꽃뱀처럼

하늘거리던 몸매와 향기롭던 젊음
그때가 언제 적이었을까
가물거리는 기억이 뽀송뽀송 마르고 있다

중년의 불어나는 허무를 가리기 위해선
허릿살을 가리기 위해선
그녀의 원피스엔 좀 더 많은 꽃이 피어야만 했다

수직의 길

아등바등 기어오르던 생의 절벽에서
소원하던 희망의 날개
기회의 틈새를 딛고 악착같이 올라선 만큼
높아지는 추락의 공포
오래 굶주린 자들의 손톱은 날카롭다

헛디뎌 떨어진 절망의 살점을 노리며
까마득한 높이에서 맴도는 독수리
좌절의 중력이 발끝에 바들바들
목마름을 더듬어 간절한 틈새를 만든다

발 디딜 곳을 찾아 겨우 매달린 절실함이
수직의 길에서 방향을 찾는다
기어오르는 건지
내려오는 건지도 모르면서…

일방적인 결말

돌이킬 수 없이 망가진 평화의 나침반
허무맹랑한 침략의 구실은 끔찍할 뿐이다

탱크는 길을 뚫고 전투기는 하늘을 찢으며
폭격은 논리라 칭하고 침묵은 묵인이라 해석하며
명분 없는 처절한 죽음을 쇼처럼 생중계했다

포탄에 산산이 부서진 어머니의 기도
전쟁의 야만성에 익숙해지는 숫자로 계산된 죽음들
강대국이 이해를 강요하는 그들만의 폭력 구실들

재갈 물린 진실은 공포의 눈빛으로만 남아
무엇을 위해 견뎌야 하는 처참함인지 묻는다

이모티콘의 표정

붙여넣기의 미소로 돌아오는 선심
방긋거림은 확인란에만 남아
심장 대신 핸드폰의 액정이 설레는 중

두 손가락으로 조정되는 관계의 확장과 축소
암호로 열리는 손바닥만 한 우주
감정은 이모티콘에서 무한 번식을 한다

버튼 하나 누르면
세뇌된 습관이 반짝 열리지만
남는 건 삭제 불가의 고독

스마트폰을 들여다보느라 굽은 등뼈
와이파이를 먹이로 삼아
인간은 서서히 화면 속 동물이 된다

껍데기의 조언

"감 놔라 배 놔라."
옳다고 여겨 꾸준히 지켜왔던 견고한 규범
껍데기의 단단한 아집
얕은 지식의 우월을 뽐낸 건 아닐는지

갖지 못한 것에 대한 덤터기의 경멸이나
시샘의 참견이었을지도 모를,
세상은 숨 가쁜데
시도 때도 없는 지적질로 뭉그적뭉그적

타인을 재단하던 잣대가 사실은 올가미
내뱉은 말은 허울의 껍데기
타인의 생을 향한 무례한 간섭보다는
조용한 경청이 지혜인 걸 이제야 배우다니

오륙도

물이 차오르면 여섯 개 섬이 된다지
자식 중 못난 한 놈,
있는 듯 없는 듯 살붙이로 사는

평상시에는 그럭저럭 밥도 함께 먹고 술도 마시면서
슬쩍슬쩍 농담도 건네는데
선거라는 밀물만 들면 사람들 마음에 불신과 갈등의 대립
으로
모두 섬이 되어 돌아앉아 눈을 부라리는 거야

제주島야 원래 그렇다 쳐도
경상島, 전라島, 충청島, 강원島, 경기島
자기 섬이라고 자처하는 뜨내기들은
왜 그리 따개비처럼 달라붙는지

선거철마다 오륙도가 되어 으르렁거리는 참 신기한…

익명의 시간

컴컴한 지하의 무덤에서 눈을 뜨고 주변을 살핀다
사실 나 한 번도 잠든 적 없었으니 깨어난다는 표현이 적당하겠지
닳고 닳은 리모컨처럼 무감각했을 뿐이니

햇빛이 들지 않아 창백한 기억을 지우고 세상으로 나선다
음습한 벽에 스민 20여 년 불협의 노랫소리와 웃음들
웃는 표정으로 견딘 익명의 시간과 결별하고

밀폐된 은밀한 공간에서 고래고래 소리 지른 노래를 빙자한 절규
제 흥에 겨워 막춤으로 잠시 도피하는 현실인 건 피차일반이겠지
익명으로 살아온 어둠 속에서 폐업신고서를 작성한다

그때그때 달라요

같은 춤을 추건만
누구에게는 유쾌하고 우아하다고 하고
누구에게는 경망스럽다고 하고

같은 우스갯소리인데도
누구에게는 재치 넘치는 유머라고 되고
누구에게는 가벼워 실없다고 하고

같은 옷차림인데도
누구에게는 품격이 돋보인다고 하고
누구에게는 겉만 번지르르하다고 하고

같이 아끼는 건데도
누구에게는 검소하다며 칭찬하고
누구에게는 궁상스럽다고 조롱하고

존중과 경멸의 잣대는
항상 나보다 뛰어나냐 못하냐를
기준으로 삼는다

재부팅

업데이트가 필요하지만
기억나지 않는 패스워드

우리는 늘 오류 속에서
서툴게 접속한다

불안정한 와이파이로
인생 설정이 버퍼링 중

재설정으로 시도된
또 다른 시작이 접속 불가인데

처음의 아이디로
당신을 불러도 괜찮을는지

껴묻거리

당신을 마음속에 묻기로 했다

손때 묻은 자잘한 기억들
애수의 연민
되묻지 못한 결별의 이유까지
추억 속에 껴묻거리로 눕히고

묘비명에 새길 수 없는
곤란한 질문의 표면을 비워둔 채로
향을 사르는
허전한 의식의 우울한 결말

함께 묻어주지 못한 살갑던 웃음
나를 앞질러와
그리움 문 열어두는 걸 어쩐다?

* 껴묻거리: 죽은 사람을 매장할 때 함께 묻는 애장품

홍매紅梅보러 가는 길

바람조차 가벼이 내치는 적 없어
윤회의 섭리로 미물도 존엄으로 존재하는 도량
산자락 조심스레 밟을 때마다
청계의 여울에서 숨 고르는 영축의 숨결
세월의 더께가 음각된 금강송이 묵상 중이다

천천히 여미는 것이 본연이 되고
비우지 않고는 채울 수 없는 소소한 것들
홍매 한 송이가 설법인데
눈에서 피는지 마음에서 피는 것인지
쉽게 깨닫는 이치라면 그것이 어찌 수행이랴

삭발하고 동안거에 들었던 영축산
묵언으로 더 깊어진 계곡이
동안거 해제로 말씀의 진리가 흐르고
수척한 얼굴에 혈색이 돌면
부처님의 온화한 미소인 듯 홍매 피더라

낙동강 하구언

단호한 수문 앞에서 방향을 잃는다
본능이 굳게 닫힌 문
그 너머의 기억은 삭제되었다

맑은 빛을 실어 나르던 푸른 강물도
언제인가부터 탁해져
갈대조차 제 그림자 노닐 곳이 없다

자연의 문장을 반쯤 접어버린
인공의 쉼표 앞에서
몸 맡길 곳의 선택을 종용받는다

석양빛에 공연히 거룩해지는 시간
인간의 셈법 속에 갇힌
바다와 강의 경계가 불길에 휩싸인다

시의 맛

싱겁고 밍밍하다
슬쩍 소금이라도 뿌리고 싶을 만큼

시에서 비유를 떼어내고
은유를 덜어내니
시도 아닌 것이 해맑기만 하다

담백함 속에 본연의 맛이 숨 쉬듯
꾸밈없는 언어 속에
시가 전하려는 의미가 스며들기를

자극적이지 않은 슴슴한 여운
내가 찾고 싶은 본연의 시 맛이다

제3부

눈물의 건기

갯벌에서 캐내는 삶

미세기에 위탁한 일용할 양식
호미가 닿는 곳마다 피는 고단한 삶의 문양
거친 손에 굳은살로 박인다

멀찌감치 물러난 수평선을 등에 업고
생의 바닥을 순례하는 오체투지
아낙네의 짭조름한 일상이 관절염에 시달린다

억척으로 뒤져 캐는 한 움큼인 하찮은 꿈
갯벌에 남겨진 발자국마다
삶의 무게를 견딘 이야기들로 질척거린다

눈물의 건기

저수지 갈대밭을 홀로 걷는다.
바싹 마른 갈대처럼
흘림체로 나부끼는 몸짓
바닥에는 건조한 웃음소리만 남았다

오래전 탁본하던 너의 울음에서
한 방울씩 떨어지던 회한의 석회질 연민
퍽퍽한 마음이 종유석처럼 키웠다

기억 되짚어 온 발걸음 위에 쌓인
만지면 부스러질 메마른 기억들
햇살 닿지 않는 우물에서 길어 올리는
눈물이다

이별의 악장樂章

맑은 '솔'이었다가 침울한 '레'로 떠난 그녀는
봄날의 미뉴에트와 같았지
그녀의 애완견은 아직도 알레그로*의 경쾌함으로
꼬랑지를 바람개비처럼 돌리고 있을까

장조의 기쁨만 더듬던 악보 한 귀퉁이
감정의 쉼표를 이해하지 못하면
그녀는 종종 단조의 미간을 찌푸리곤 했는데

디미누엔도*의 여운도 없이 네가 떠난 뒤
감정은 음계가 아니라
쉼표 사이에 있었다는 걸 이제야 깨닫는다
마지막 악장이 라르고*로 변주된다

*알레그로: 뛰는 속도의 빠르기로 경쾌하게 연주하라는 뜻
*디미누엔도: 점점 약하게의 악상기호
*라르고: 매우 느린 속도로 폭넓게 연주하라는 뜻

모름지기

너를 위한다며 했던 조언들
사실은 느슨하게 살아온 나를 다잡는 고삐였다

배려라는 무늬의 간섭을 찬찬히 들여다보면
내 불안을 숨기기에 급급한 얼룩이었다

섣부른 우월을 마름질해 꿰입은 번지르르함
어정잡이로 내세운 분별의 기준이 들쭉날쭉하다

볼썽사나운 허세의 남발로
나잇값 하려면 모름지기 이래야 한다는 적용

그 알량한 잘난 체의 무례함을 도대체
누가 허락한 거지?

아버지의 초상肖像

불만족스럽게 내가 도사리고 있다
찡그린 미간에 비뚤게 그어진 눈썹
주름으로 팬 열등의 골엔
상습적인 침수의 눈물 흔적이 남았다

넋두리를 삼킨 채 앙다문 입술
비대칭 안면의 짙은 음영
세상에 외면당한 무기력한 울분이
터치할 때마다 일그러져 도드라진다

아무도 모르는 인생을 살다 떠난
아버지의 영문 모를 표정
부릅뜨지 못해 내리깐 시선까지
덧바른 쓸쓸함이 완연하다

어쩌자구

약삭빠른 처세는 기세등등하기만 한데
어쩌자구
성실함의 지루함만 헹구고 있다

몇 달 만에 '억 억'하며
몸값 부풀린 시세에
꼬박꼬박 적금 붓던 희망 박살 내고
쌍심지 밝힌 전광판 시세에 혼이 나간 날

여기저기 요란한 뻥튀기는 소리
야근에 특근의 상실감을 비탈에 굴리면서
억척의 근면만 물려받을 자식
종잣돈 헐어 카드값 메꾸기 바쁜데

요지부동 몇 년째 꿈쩍도 하지 않는
우리 아파트 시세가 내 처지와 판박이다

가을을 사르다

이별의 선언은 지금부터 유효하다
태워버린 문장들은 기억하지 않아도 된다

마감하는 모든 것엔 허전함이 묻어난다
부고장처럼 떨어지는 낙엽
마지막 남은 눈물 마르길 기다렸다는 듯

오래된 소원 한 조각 걸어두는 게
그리도 눈꼴사나운지
탈탈 털어내는 과거가 바닥에 뒹군다

실명으론 검색되지 않는 기억의 반추
쓸쓸한 뒷모습을 증언할 심사인가 보다

오줌싸개

자꾸 쉬~쉬 하는 엄마의 목소리
오줌통이 팽창한다
기필코 누어야만 한다는 사명감이
시원하게 분출한다
가뭄에 비 오길 기다린 농부처럼
환하게 웃는 엄마
전쟁에서 이긴 개선장군처럼
의기양양 우쭐거렸다

자꾸 위축되어 소심해지는 요즘
할 수 있다는
엄마의 응원을 받고 싶다

오줌이 마렵다
제
기
랄
전립선 비대증이란다

희극의 변주

술집에서 혼자 알탕을 시켜놓고 소주 한 병의 청승을 떤다
남몰래 품었을 생명의 경이로움을 후루룩 떠넘기다가
소주 한잔 부어놓고 놓고 조문한다.
미래를 포기 당한 수많은 알을 잘근잘근 깨물며
알 수 없는 적의의 살기殺氣를 충족한다
타의에 의해 상실한 미래를 위해서 술 한잔 붓는다
어쩌면 태어났을 수도 있었을 처음의 울음을 상상으로 복제한다
더없는 비극을 윽박지를라치면 희극이라 둘러대는 변죽이다

생의 막장

지하의 노래연습장 여기가 막장이다

아무리 삽질을 해도 금맥은 보이지 않는다
꿈은 천장의 곰팡이로 번지고
희미한 조명 아래 어두운 낯빛을 억지로 치장해도
불안은 눈동자에 어지러이 남아 있다

아무리 파헤쳐도 묘연하기만 한 황금빛
갱도처럼 이어진 복도에서 공허하게 울리는
'테스 형, 세상이 왜 이래'
유효기간 넘긴 꿈의 허공에 삽질을 반복한다

삽날 끝에 걸리는 건 딱딱한 현실뿐인데
희망의 끝이자 시작인 막장에서 어쩌겠는가
도돌이표로 재생되는 생의 노래
이젠 난청이라서 그 절절함조차 듣지 못한다

혹시

혹시 나를 기억하시는가?
눅눅한 질문이 음습한 기억을 들춰보며 명랑한 표정을 짓는다
조율되지 않은 감정선이 팽팽해진다
핑- 줄이 끊어지는 일순간
불안정한 눈빛의 수습할 수 없는 공허가 튕긴다
돌아서면 이미 낯선 사람이 되어버리는 변화무쌍한 이입移入
당신의 체취를 지우다가 문득 든 모멸감의 형용에 핏발이 선다
지금도 내가 지겨우신가?
충동적인지 본능적인 건지 감정적 분열의 경계가 아슬아슬하다
이제 사슬 같은 네 그림자를 거두어 서랍에 넣어 두기로 한다
새로운 목적을 입력해도 자꾸 뜨는 현재의 오류,
과거의 청구서를 삭제하고 관계란은 잠시 비워두기로 한다

강요된 휴식

나무 그늘 무상으로 한 필 떠다가
평상에 깔고
멸치 몇 마리 안주 삼아 막걸리를 마신다
기 쓰고 달려드는 파리 떼의 식욕을 경멸하며

과거형인 연민을 자꾸 확대하며
'그까이꺼'의 흰소리로 내미는 손익계산서
물구나무서는 술병에서 흘러넘치는
정산 안 된 퇴직의 상실감은 또 어쩌라고

평가절하된 능력을 의욕으로 환산하자니
매번 터무니없는
무기력이란 오차 없는 감정의 회계보고서
쓰다 만 이력서가 멋쩍기만 하다

존경하는 국민 여러분

한 번도 존경을 원하지 않았고 받아본 기억 또한 없는데
뭔가 켕기는지 또 앞세우는 허울 좋은 명분

그들의 무릎은 필요할 때만 굽혀지도록 입력되었을 뿐
귀에 박히도록 떠벌이는 '존경하는 국민 여러분'
이 허무맹랑한 꿀 발림에 으쓱하여 내어주는 맹목적인 선심
개표의 순간부터 오만하게 돌변하는 계산된 낯빛
제 모자람의 한계는 삽시간에 무지몽매한 국민 탓이 된다

검은 속셈 감추려 흩뿌리는 혐오의 씨앗
존경은 간데없고 오직 좌, 우를 향한 조롱만 현란하다

어슬녘 풍경

2025년 아파트
네모난 창마다 다른 꿈이 켜지면
제각기 쌓는 빛의 피라미드
별자리의 상상을 멋대로 해석한다

부동의 자세를 풀지 못하는
경직된 직립
규격화된 행복 속에서
우선순위를 다투던 경쟁의 하루
긴장의 끈을 푼다

1975년 판자집
아이들 밥 먹으라고 부르는 소리
낮은 담장 너머로
자연스레 오가던 오지랖의 정

좁은 골목을 점령해 놀이터 삼던
천진난만한 웃음이
서로를 살갑게 여기는 배려가
밥 한 끼 해결하면 어깨 쭉 펴던
고만고만한 형편이 다정하다

인생, 비탈밭을 경작하다

허리 한번 펴볼 틈 없는 세월의 두렁
부지런 떨어도 무시로 눈에 띄는 자질구레한 일들
김매고 돌아서면 금방 돋는 잡초이다

표도 안 나는 허드렛일에 인생 품삯은 고사하고
얄궂게 시큰한 무르팍 통증
낡은 장화 속 퀴퀴한 발 냄새뿐이다

모종해 심은 희망 넝쿨 바르게 올릴 때까지
쉬이 일 끝내지 못할 비탈밭
꾸불거리는 밭고랑 넘나드는 앉은 걸음걸이다

희망이란 호미 하나 쥐고 비탈진 밭을 매다가
저물녘 꾸부정한 허리 펴고
흙먼지 묻은 손으로 땀을 훔치는 일이다

레드와인

절망은 도수가 달라서 취하는 시간을 측정하기 어려워요

희망은 별 모양
손에 꼭 쥘 때마다 다섯 개의 꼭짓점에선 핏빛이 배어 나오곤 해요
축배를 위해 아껴두었던 적포도주의 망설임이 숙성돼요
사랑이 필연인지 돌발인지 의문부호 속에서 머뭇거리는 사이
핑크빛 문은 안으로 열릴 것인지 밖으로 열릴 것인지를 갈등해요
이념에 취한 군중들이 서로의 잘못을 쪼아대는 광장에서
혁명의 식탁에 올릴 포도주의 선명한 핏빛을 기대해도 될는지요

장밋빛 꿈을 수혈받는 중이에요

부전시장에서 생을 흥정하다

비좁은 골목,
삐걱대는 손수레가 하루를 끌고 간다

말보다 빠른 호객 손짓
천 원, 이천 원 사이로
사는 이와 파는 이 마음이 스친다

생선 비린내, 마늘, 쪽파 알싸한 냄새
삶의 향기는 진득하고 구체적이다

막걸릿집 앞 쭈글쭈글 웃음
한 잔 술로 퉁치는 헛헛함이다

굳은살 박인 손끝으로 기록한 오늘
잠꼬대가 새벽 마수걸이를 흥정한다.

떠돌이별

밤하늘을 떠돌며
쉬어갈 은하를 찾아 먼 길을 걸었다
유랑의 고단함은 잠시 접고
흐려진 빛의 기억을 온기로 채워야 한다
별의 맑은 빛이 잠든 은하를 흔든다
깨울 수 있을까?
이 하찮은 객기로…

전쟁을 프로그래밍하다

전원을 켜면 화면에서 섬광과 포연이 난무하니
공포에 질린 눈망울에 공감 버튼을 누르면 조금 위로가 될까

전쟁영화보다 지루한 타인의 죽음은
경계선 밖의 무의미한 가상현실로 전환되곤 하지

신의 권능을 베껴 설계한 게임에 중독되어
미사일을 쏘고 폭탄 드론을 날리고

애초 목숨값을 계산에 넣지 않은 조준경 가늠자에서
적의를 격발하는 총성이 탄생했을까

잔혹성에 무뎌지는 무의미한 전쟁의 참상
사정거리 밖에서 느긋한 저녁 한 끼와 퉁치고
처참한 게임을 끝낼 일일지 나름 고민이란 걸 하기나 할는지

갓 생성된 죽음의 좌표가 생중계된다

제4부

계절의 나들목에서

을숙도, 갈대로 서다

잦은 뒤척임 속 생의 의미가 너울거려
흔들림에 익숙해지면
바람의 현이 되어 연주하는 순례자의 노래
붙박여 둥지 튼 숙명으로
허공을 휘젓는 분방한 자유를 모방하지만
깃털이 될 수 없는 갈구의 몸짓이었을 뿐이었다

과장된 겉치레가 재현하는 나부낌으로
발 담그고 선 자리가
희망인지 절망인지 헷갈릴 때마다
헝클어지는 빗금의 틈바구니를 헤적이는
나붓나붓한 흐느낌이 물결 이루며
경건한 기도를 읊조리곤 했다

요원하기만 한 어설픈 기대를 불사르며
망각의 의식을 집전하는 붉은 망토 걸친 어깨 위로
번져가는 언제나 변방이었을 막연한 어둠
너의 고독은 야행성이어서 욱신거리는 뼈마디에선
잠투정의 어린아이 울음이 부스럭부스럭
잠결에 강물이 돌아눕는지 을숙도가 출렁거린다

오도카니

통도사 뜰 안에 자장매
무장무장 피어 술렁거린다는 데
마음만 앞서 보내고
아파트 뜰을 홀로 서성이네

함초롬 달빛 머금고 핀
매화 몇 송이
마음 한구석 빈자리에
향기 한 점으로 어둑서니

아스라한 기억의 봄빛보다
이 순간이 더 애틋해서
매화도 나도 서로를 소담스레 품고
정겨운 상념에 잠 못 드네

불멸의 강

아슴푸레한 기억 속을 헤진 지느러미로 거슬러 오른다
흐린 시야 속 민물 기억이
상심의 바다를 떠돌던 회귀의 본능으로

원초적인 그리움을 산란하기 위한 마지막 안간힘으로
술잔에서 뻐끔거리며 당신의 젖 내음을 더듬는
무의식에 새겨진 아스라한 사랑의 행로
탯줄로 모천母川까지 이어져 얕은 서글픔으로 찰박거렸다

제사상에 촛불이 꺼지고 당신이 남긴 밥을 오물거리다가
퇴주잔에 그득하게 담긴 달큰한 젖을 홀짝거리다가
컴컴한 자궁으로 헤엄쳐 들어가 웅크려 눕는다

불멸의 강을 거슬러 오르는 꿈을 꾼다.

가을을 배웅하다가 문득

갈바람이 놓고 떠난 욕망의 갈피들
진저리의 집착을 비우고
알록달록 황홀했던 축제의 현수막을
차곡차곡 포개놓는
허드렛일만 남겨두었습니다

된서리에 주저앉는 시린 어깨 흔들어
아껴둔 씨알까지
마지막을 비워내는 섬서함으로
허황한 꿈 한 톨도 털어낸
빈손의 악수는 서늘한 예감입니다

새삼스레 바스락거리는 잊혀 갈 것들
버려야 할 것들의 목록
우연한 한 줌의 연민
골똘히 생각하다가 까닭을 잃어버린
상심뿐인 뒤척임만 남습니다

거기, 송도에는

무지개 걸린 용궁구름다리를 건너오는지
그의 웃음소리 윤슬로 반짝이고
푸른 휘파람 하얗게 부서져 멀어지면
파도의 메아리가
암남 공원에 알록달록 꽃을 피우지

저녁놀 배웅하면 하나둘 호롱불 밝히고
너울너울 밤바다를 건너는 케이블카
먼발치 묘박지에 소곤소곤 잔별이 뜨면
고단한 하루를 어르는 잔물결
꿈을 낚는 낚싯대는 졸음에 겨워 꾸벅거리지

자장암 계단을 오르며

계단마다 모진 부대낌
오를수록 층층이 높아지는 숨결이다

마르고 젖는 하안거 내내
마음을 헐어내고
한 걸음 또 한 걸음 올려놓다가
금와보살 무릎에서 연꽃 향기가 피어나는

바람과 허공을 다져도 막다른 길

마애불 오래 머금은 희미한 미소에
돌벽은
다시 또 단단하게 하늘을 받치는

탱화처럼
영축산에 걸린 자장암이다

철새의 군무群舞

다양하게 연출된 혼돈으로
나약함을 위장하고
무리에 합류한 든든한 결속으로
두려움 잊고 날았다

생존의 리듬을 익힌 몸짓들이
일사불란하게 노닐면
공생의 친밀로 출렁거리는 노을
현란하지만 절실하다

날갯짓의 비좁은 공간마저
믿음으로 공유하던
본능에 충실한 경이로운 몸짓들은
생의 찬연함이었다

황홀로도 붙잡아둘 수 없는 노을
철새가 투망을 끝낸 하늘엔
용케 그물에 걸리지 않은 별빛들이
하나둘 떠올라 무리를 이룬다

봄이 오는 길목에서

야트막한 언덕에 지천으로 피어
봄 마중하는 야생화
바람의 추임새에 흥 돋아
꽃망울마다 눈부신 환희가 부푼다

생명의 순환으로 품은 신비로움
향긋한 여운 감돌아
적멸의 순간을 향유하니
이보다 더 순수한 축복이 있으랴

겸허하게 그러나 품위의 고결함으로
자연의 순리로 피워낸
생명의 순환과 아름다움이기에
잠시 눈 맞춤에도 다정함이 넘친다

오월의 카르멘

오월의 오페라는 이미 시작되었어
햇살은 주인공을 위한 조명
바람은 현란한 오케스트라의 연주

짙고 붉은 치맛자락을 흩날리며 선
도도한 자태와 유혹의 향기
카르멘은 등장부터 눈길을 사로잡지

관능의 입술에 와닿는 꿀벌의 구애
가시에 찔려 번지는 핏빛 절규의 아리아는
황홀로 이끄는 격정이야

장미 피는 오월은 그녀의 계절
피고 지는 그 자체가 우아한 도발이지

몽유夢遊, 장미를 탐하다

어둠의 파동을 감지하는 장미 한 송이
핏빛 뜨거운 몸짓이 비등점에서 분출한다

정숙을 가지런히 꿰던 단추의 역설이 가당찮은
감각의 촉수가 앞섶을 더듬는다

겹겹으로 감싼 꽃잎의 소용돌이에서
화끈거리며 끝없이 융기하는 관능의 몸부림

음습했던 콧소리를 숨겼던 검은 휘장이 걷히자
소실점으로부터 발화하는 가뭇한 기억이다

향기로운 도발에 절정 너머로 돋는 허무의 가시
잠결, 돌아누운 아내가 빠드득 이를 간다

Muine Bamboo Village의 작은 새

가녀리지만 우수 깊은 눈빛에 담긴
상냥한 아주 잠시의 친절
향긋하게 스쳐 느끼는
이국적 풍경 속에서의 행복했던 한순간

기껏해야 네 번의 스쳐 가는 인사였지만
착하고 해맑은 예쁜 미소
아빠의 마음처럼 대견하게 바라보니
어찌 사랑스럽지 않을까?

Muine Bamboo Village에서의 낭만적 휴식
새 소리보다 아름다운 phuong의 목소리가
추억 속을 맴도니
문득문득 그리워지는 걸 어쩌랴

망설이다가 주지 못한 팁 10달러가
내내 마음에 꼬깃꼬깃 접혀 있다

설원의 고사목

풀 한 포기 나무 한 그루에도
생과 사의 질서가 따로 없는데
근엄해서가 아니라 버텨 선 그만치에
저마다 갖춘 근간이 눈부심을 쌓는다

거친 소용돌이의 풍진 세상에
거북등처럼 갈라 터진 오랜 관습이
균열의 틈새에 뿌리내려
생의 뒤안길 우뚝 서 상념마저 놓는다

갈등에서 벗어난 바람결로
지나가 버린 것에 자유롭고 싶은
동경의 목마름에
얼마나 많은 옹이가 박혔는지 모른다

인생은 변이를 거듭하는데
울림을 베고 응시하는 서녘 하늘
외곬의 바람은 곰삭아서
눈보라 엄동을 잘도 견뎌냈다

광란의 변주

운명의 문을 두드리는 북소리
현의 떨림이 하늘을 가로지른다

지휘자의 격정에 반응하는
천둥의 관악
비의 파열음이 휘몰아친다

걷잡을 수 없는 물결의 선율
도시의 골목과 계곡을 덮치는 선율
격렬한 음표들이 극한으로 치닫는다

운명의 역류를 수습할 수 없는
마지막 악장의 절규
한계의 외침이 범람한다

지구환경 운명콘서트에 초대된
트럼프의 자리가 비어있다

말치레

치레의 표면은 다정하다
그 다정함에 설득당한 기다림을 세워둔다

"언제 한번 보자"라는 말에
시간의 모퉁이를 은연중 비워두고
"밥 한번 먹자"라는 말에
허기의 한쪽을 살며시 접어 둔 채
"술이나 한잔하자"라는 약속
빈 의자에 그림자로 걸터앉는다

허공에 핀 꽃잎처럼
향기만 남기고 사라지는 말

빈 메아리로 떠돌 상냥한 말치레에
애써 미소를 지어 보인다

봄비 그친 아침

밤새 사분사분 내린 봄비 살갑고
풀잎에 앉은 맑은 이슬
수선화 눈물조차 푸르른 날이다

순정으로 돋아나는 여린 씨눈들
말간 초록으로 깨어나는 순간
글썽이는 진심의 눈망울이 순하다

잎사귀마다 싱그러운 설렘
마냥 뛰어놀 햇살 웃음 저만치
세상의 아침이 이렇듯 눈부시기를

물결 위에 그린 그림

고요한 호수 잔잔한 물결 위
아기자기한 뒷동산
궁금한 듯 제 모습을 비추는데
훼방이라도 놓으려는지
산들바람 수시로 어지르는 캔버스
잔물결 잦아들면
한 폭의 풍경화가 완성된다

나그네의 마음 호수에 비추니
고향 풍경 일렁이고
한 폭의 그림으로 펼치는 그리움에
금방이라도 들릴 듯한
짓궂은 아이들의 해맑은 웃음을
물그림자 흐놀 때마다
물수제비로 건너가는 고향길이다

인천공항 가는 길

부산에서 인천공항까지
겨울 그림자에 갇힌 창밖 풍경
버스는 지루한 시간의 외투를 껴입는다

캐리어에 챙겨 넣은 반소매 두 장
반바지와 몇 권의 책
심드렁한 마음마저 단출하다

어떤 설렘의 사뿐한 깃털로 날아오르는
낯선 흥분이나 짜릿함일지 궁금한
첫 해외여행의 감흥

멀리 보이는 인천공항 제2여객터미널
막냇동생이 기다릴 하노이
이국적인 상상이 이륙을 앞두고 긴장한다

권태기

신나게 행복이라는 꿈을 좇더니
이젠 주차장에 방치된 중고차 신세다

눈빛만으로도 짜르르 전류가 흐르던
설렘의 배터리 방전

온몸을 열어두던 입맞춤의 짜릿함은
시큰둥한 과거로 남겨지고
리모컨 쟁탈로 소소한 전쟁 중이다

공회전하던 곰살궂은 잔소리마저도
사뭇 그리운 무뚝뚝한 계절이다

그깟 정情이란 놈조차 없었더라면
어쩔 뻔했을까?

수작

서로 다른 방향으로 흩어진
사랑의 공허를 나눠 가진 반쪽들

유기된, 한때는 사랑이었을
그래서 더 억장 무너지는 형용사가

슬쩍 수작을 건다

기억을 조각해 드릴까요
기억을 조작해 드릴까요

제5부

시나브로

따뜻함의 언저리

따뜻한 창가에서 노란 불빛 새어 나오면
차가운 바람에 떨던 시간을 잊을 수 있으려나
열망으로 타오르던 불잉걸의 불꽃
꺼질 듯 잦아든 불씨를 가만히 바라본다

갈망의 온기가 잠든 거리를 서성거리다가
삶의 그림자 속에서 지쳐가던 사람들
다시 뛰는 심장 소리를 느끼고
새로운 꿈이 달콤한 관심을 기억해 낸다

존중받아야 할 신성한 약속일진데
생명에 하찮음이 어디 있으랴
무관심에도 무릇 지고지순한 사랑의 태동
진행형으로 서술하는 존재의 이유이다

장생포 기행

우르르 사람들이 관광버스에서 볼락처럼 쏟아졌다
못하게 하면 더 하고 싶어 하는 근성들이
포경이 금지된 배의 작살로 호기심을 찔러보곤 했다

몸 한번 뒤틀면 수조의 끝에 닿는 돌고래
7남매가 조각보처럼 눕던 단칸방이 생각나서 차라리 못 본 척
사진 찍히기에 동원된 볼모의 서글픔이 희화화된다

길 건너편 고래고기 집에 몰려든 볼락들
아가미 들썩거리며 부위별 맛 감별이 한창일 때

불편한 심기를 분기공으로 내뱉는 고래의 거처를
암암리에 수소문 중이다

미소, 마지막의 기억

탐욕과 어리석음을 벗어던진 흐뭇한 미소로
죽어서 비로소 웃는 돼지머리

덕장에서 꾸덕꾸덕 말라가는 가오리
푸른 바다를 가오리연처럼 날던 기억을 박제하고

완전한 평화라는 게 있기는 한 건지
살아서는 결코 가질 수 없는

엷은 웃음 입가에 머금고 떠날 수 있을는지
죽음 그 이후가 궁금하다

거룩한 분노

무고함을 선별하지 않는 마구잡이 포격으로
운에 맡겨야 하는 생존
야만성이 폭발하는 첨단은 두려움으로 진화했다

평화와 인간의 존엄성을 위한다는 제사장은
무고한 희생을 제물로 바치고
탐욕의 신에게 침탈의 당위성을 낭독하곤 했다

선과 악을 뒤섞어 교묘히 선동하는 폭력 앞에서
실익의 계산서를 받아든
약자의 땅에 피로 얼룩진 기록들

전쟁의 광기와 참상이 클로즈업될 때마다
실제를 가상으로 얼버무리던 인류애로
야만적인 이 참혹한 거래에 분노해야 했다

대양의 끝에서 스러지다

혁명으로 일어섰다가 절벽 앞에 무너지길 다반사
일사불란하게 어족의 대열을 이끌고
사방으로 튀는 푸른 살점 사이로 언뜻언뜻 보이는
결기로 일어섰다가 스러지는 흰 뼈들

더는 거칠질 수 없는 마지막 한계점의 광기가
와르르 쏟아놓는 절규
한 입 거리로 둥글게 말리는 정어리의 밀도密度가
약탈자의 본능을 충족시킨다

북해의 성난 파도가 육지와 충돌하는 그곳에서
포식자의 무자비함이 거룩한 사명인 듯 이루어지는
냉엄한 먹이사슬의 순리
어느 독재자가 제멋대로 인용하려 하는가

내비게이션

판단은 필요하지 않아요
목적지를 입력하고 시키는 대로만 하세요

목적지로 가는 길의 거리와 시간도 계산하고
귀찮게 묻지 않으니 판단은 생략하고

수동적인 인간이 되면 길을 잃지 않을 겁니다
길 위에서 망설이는 건 언제나 사람입니다

개팔자가 상팔자

사람에게 상처받아
마음을 내어주지 못한 이들
변함없는 반려견의 반김이 살갑겠지만
내 밥보다 비싼 고양이 밥
내 주전부리보다 비싼 강아지 간식
몇 곱절의 호사가 눈꼴시다

개뿔도 모르면서
개팔자가 상팔자라 투덜거리지만
속셈 빠른 관계에서 상처받느니
애완동물에게 마음 기댈 수밖에 없는
이 시대의 그늘진 속내
관계에서 유기된 심정 모를 리 없지만
그
래
도

묵비권

풀리지 않는 비밀번호, 모든 진실은 암호화되었다. 입은 굳게 닫히고 눈빛조차 말꼬리를 감춘다. 미궁으로 빠져드는 모르쇠의 늪, 이 시대의 가장 정제된 문장이 "기억이 나지 않습니다"이다. 위증의 부력에 진실은 가라앉고 거짓이 떠오르는 걸 보니 짬짜미의 모른 척이 한바탕 억지 부릴 요량이다.

벗어낼 수 없는 허깨비의 충동, 집단 본능의 폭력성이 구호 뒤에 웅크리고 동류항에 갇힌 선동자였던 누군가의 난처해진 시선이 바닥을 훑는다. 바람 방향이 바뀌면 태도도 변해서 묵비권이 때론 가장 시끄러운 함성보다도 유리하다. 책임을 유예하고 침묵이 면죄부가 되는 곳에선 정직이 빠르게 소진된다.

진실보다 먼저 도착하는 건 낯 뜨거운 변명들이다. 묵비는 말하지 않음이 아니라 정교하게 설계된 회피다. 직접적인 해가 되지 않는 방관자의 심리에 편승하는, 역사는 그렇게 한 문장씩 지워가며 이 시대의 알리바이를 완성해간다.

적당한 거리

적당한 서로의 관계란
참 애매한 주관식

관심과 무관심 사이를 오가며
엉킨 실타래는 목 조르는 매듭이기도 하고
가시의 간격을 잊어 찔리기도 하고
착각의 순간에 멱살잡이를 당하기도 하고
야비다리의 객쩍은 농담을 지껄이기도 하고

적당하다는 건
애초 성립되지 않는 추정의 논리

108배

무덥고 습한 열기로 그의 얼굴에 핀 배롱나무꽃
산문을 들어선 흠뻑 젖은 등에선 땀내 나는 인생이 얼룩져
있다

엎어졌다가 일어서기에 이골이 난 인생이
108배를 드리기 위해 부처님 앞에 엎드릴 때마다
하소연이 땀방울로 뚝뚝 떨어진다

차마 부처님과 마주치지 못하는 눈엔
자기합리화의 당착이 희뿌옇게 어른거리다 사라진다

잠시 무아로 평온해지는 그의 얼굴
부처님께서 빙긋 웃으시며
절을 한 횟수를 언제부턴가 부풀려 세고 계신다

집어등 전광판

집어등에 불 밝히면 몰려드는 멸치 떼
눈부신 유혹에 눈멀어
솔깃한 소문을 쫓아 죽음도 불사한다

대개는 큰손의 그물에 걸려들 줄 알면서도
몰려드는 한몫의 욕망
졸개들의 희생을 담보한 영웅담에 열광한다

막연한 희망과 연대하여
진격의 초록 깃발에 앞장서서 내달리다가
퇴각의 빨간 깃발에 영혼이 탈탈 털리는

투자라 읽고 투기로 실행하는 어정잡이
땄다는 소문은 무성한데도
본전에 목숨 거는 요상한 공식의 추종자이다

음계 '파'

'파'의 음계에서
파르르 파릇하게 떨리는 감정의 잎맥

명랑한 '솔'이 되다만 한음 낮은 자존감이
음계의 값에 실소한다

파~아
최불암 선생님 개그적인 웃음

명랑한 '솔'을 얼핏 넘겨짚다가
건반 위에 떨어뜨린 음표

감정의 음역이 오선지 아래로 미끄러져
파김치가 된다

바닥의 고요

천천히 가라앉는다
목적보다 더 깊은 무엇인가를 궁금해하며
빛이 없는 세계에서
고요보다 더 깊은 침묵과 만난다

여기선 방향도, 시간도
모두 흐릿하거나 정지된다
어둠 속에서 발광하는 생명체가
수심의 압력을 견디며 지켜온 신비이다

호기심보다 더 깊이 가라앉는 갈망
빛은 어둠 속에서 더 간절하고
그저 살아있다는 것만으로 찬란해서
완벽한 고독이 오히려 평안하다

생각의 프리즘

허물로 벗어 둔 상념들이 되뇌던 질문에
미루어왔던 답변들

상처는 눈물의 파편이라기보다는
아픔을 사랑으로 굴절시키는 착각이었음을

굴곡진 인생의 뒤틀린 길도
인생을 여기로 데려온 필연의 선율이었음을

생을 거슬러 오른 기억의 굴절도
지금의 나를 형상화하는 선명한 색채이었음을

삶을 투과하는 모든 의식의 각도가
나름의 의미로 빛남을 이제야 깨닫는다

당근 마켓

온갖 잡동사니가 쏟아지는 도깨비 장터
버리기 아까운 거
그냥 남 주기엔 아까운 거
버릴 곳 마땅치 않을 거
다 내다 판다는데

누군가에게는 쓸모 있을까 싶어
뒤적거려보면
그나마 있는 거라고는
어름어름한 반 푼어치의 인생
거저 줘도 눈길 안 줄 만한 것뿐

시간을 건너는 해파리

형체라기보다는 파동이었다
시간의 물결 속을 유영하는 투명한 환상이었다

물결보다 느리게 더 느리게
끝내 모든 것을 감지하는 촉수는 안테나였다

출처도 기착지도 모두 비밀의 부호에 새기고
신경세포에 주입할 치명적인 독을 예비한다

떠도는 언제나 바다보다도 더 먼 곳
빛의 궤도와 마음의 틈새를 끊임없이 탐문한다

기억의 형상을 재현하는 생명체로 보았을 때
비로소, 여기에 존재하는…

산사의 묵언

천년의 역사와 현실이 어우러지는 곳
피안의 세계가 그려지고
삶의 미묘한 번민에서 벗어나니
불심의 옷깃 여미고
욕심에 떠돌던 나 자신을 찾는다

정숙한 공간이 주는 마음의 위안
처마 끝 풍경 소리 명징하고
죽비의 깨우침이 생각을 바로잡으면
무수한 질문과 답이 어우러진
천년의 묵상이 무심결 내게 스며든다

자연의 숨결로 호흡하는 통도사
속세의 시간이 멈춘 듯한
산사의 풍경이 마음을 안정시키니
현실과 깨달음의 경계에서
고요한 마음으로 삶을 읊조린다

그것참

털면 먼지 안 나는 옷 있던가
잘난 놈은 안 털고
터는 건 언제나 옷깃 여미고 사는 사람들
뭔가 있을 법한 곳 들쑤셔도
의뭉스러운 놈은 이미 다 빠져나가고
잔챙이만 소쿠리에 담기던 게 한두 번인감

검찰청 이름만 들어도 서늘해지는 등골
난들 무슨 죄 있냐 해도
찍히면 헤어날 수 없는 수렁인 걸 모를까
법 앞에 평등하다
한 밥솥 짬짜미만 유효한 그 말에
한두 번 당한 게 아닌데

AI에게 묻다

누군가에게 빚진 사랑
돌려주지 못한 감사
우수리의 희망까지 검색한다

꿈꾸던 희망의 설렘을
노력으로 흘린 땀방울을
결실의 기대를
견뎌낸 시린 날들을
AI에 입력한다

내가 지금껏 잘 살아왔는지
결과를 출력해 보니
입력되지 않은 지금 때문에
자꾸 뜨는 현재의 오류

아직은 AI보다
아내의 잔소리 촉이 정확하다

임대문의

휘황한 간판이 내걸린 거리에서
별똥별로 사라진 수많은 좌절의 불빛들

살아남으려는 몸부림은
하루 매출표에 눌러 찍힌 숫자로만 남고
텅 빈 의자들은
손님 대신 한숨을 앉혀 둔다

임대문의 현수막은
어두운 거리를 쓸쓸하게 서성거리고
꿈을 걸어 잠근 셔터
굳게 다문 입, 비감한 표정이다

영문도 모른 채 떠밀린 벼랑 끝에서
절실함만 아등바등 눈물겹다

해설

상처 깊은 옹이가 빚은 생의 무늿결

송명복
| 시인&수필가, 문학평론가 |

❖ 들어가며

　문영길 시인은 시詩가 단일한 목소리로 완성되는 것이 아님을 일깨운다. 그는 시가 다양한 사유의 결을 품고, 서로 다른 시선들이 겹겹이 포개지는 자리에서 태어난다고 말한다. 상충하는 듯 보이는 생각들이 부딪히며 조율되는 과정, 바로 그 다원적 균형이야말로 시의 생명력이라는 것이다. 어쩌면 시인은 이 다채로운 파동을 언어라는 투명한 그릇에 담아내어, 독자와 마주할 순간을 기다리고 있는지도 모른다.

　시집 제목 『따뜻함의 언저리』는 중심의 광휘가 아닌, 가장자리의 희미한 불빛을 응시한다. 따뜻함은 완전한 평안이 아니라 결핍의 자리를 지나며 비로소 제 본질을 드러낸다. 문영길 시인은 바로 그 언저리, 다가가려는 몸짓이 남아있는 불완전한 자리에서 삶의 의미를 길어 올린다.

　사회적 경쟁에서 밀려난 이들의 상처는 단지 개인의 고

통이 아니라, 인간 존재가 지닌 보편적 균열의 표상이다. 그 균열을 어루만지는 손길 속에서 비로소 '온기'는 제 가치를 드러낸다. 그것은 소외와 결핍의 틈새에서도 꺼지지 않는 희망의 불빛, 서민적인 온도의 희망이다. 문영길의 시는 일상의 고단함에 상처 입은 이들의 숨결을 곁에 두고자 한다. 서늘한 통증의 자리마다 놓여 있는 그의 시어는 공감과 치유의 언어로 채워져 있으며, 삶의 언저리에서 인간을 인간답게 지탱하는 따뜻함의 전이를 사유하게 한다.

  시집 속 「임대문의」, 「가장자리, 가장家長의 자리」, 「인생, 비탈밭을 경작하다」, 「어쩌자구」, 「객관적인 절망」 같은 작품들은 삶의 변두리, 곧 기대의 언저리에서 존재의 당위를 애써 주장한다. 그 가운데 한 편을 살펴보며 『따뜻함의 언저리』에서 퍼져 나오는 언어의 파동이 독자의 마음에 닿아, 일상 속에서 미처 발견하지 못한 '또 다른 나'와 만나기를 바란다.

      묵묵히 빈 테이블을 응시하는 막걸릿집 사장
      인내의 유효기간을 검색해 보곤 하지
      언제 전이될지도 모를 무기력
      체념이 번지는 속도는 너무나도 빨라서
      희망의 잔액을 살피기도 전
      항복의 깃발로 내걸리는 임대문의 현수막이지

      절망의 투신을 막기 위해 날개는 접어두고

> 달동네의 가파른 길만 열어두면
> 세상 탓의 변명이 덩굴장미로 붉게 피어나겠지
> 불빛만 따스하면 가난도 견딜만한 이유가 된다니
> 비탈 동네마다 개똥벌레처럼 불 밝히고
> 서로 가여워 부둥켜안는 정에 기대어 사는 거지
> ―「객관적인 절망」 전문

 이 시에서 "항복의 깃발로 내걸리는 임대문의 현수막"은 자영업자의 몰락과 무기력의 현실을 투영한다. 그러나 시는 거기서 멈추지 않는다. 달동네의 개똥벌레 불빛을 통해, 시인은 '정과 온기'라는 최소한의 연대를 형상화한다. 상처는 여전히 남아 있지만, 그 위에 얹힌 작은 불빛은 꺼지지 않고 타오른다.

 삶의 현장을 사실적으로 포착하는 그의 시선은, 도시 하층민이 사회적 주변부로 밀려나는 과정을 담담히 드러낸다. "막걸릿집 사장/ 인내의 유효기간을 검색"한다는 구절은 불황 속 폐업의 현실을 비유한다. 이는 곧 빈민층으로의 전락을 예고하는 신호탄이다. 또한 '개똥벌레'는 미약하나마 꺼지지 않는 삶의 에너지를, '가파른 길'은 오르막이자 내리막인 가난의 기복을 상징한다. 요즘 우리 주변에서 쉽게 마주치는 불안이 바로 이 언어에 담겨 있다.

 그러면서도 시는 "서로 가여워 부둥켜안는 정에 기대어 사는 거지"라는 객관성을 담보로 희망의 여지를 남겨두며 결론을 맺는다. 절망을 이야기하면서도 끝내 포기하지 않는 삶의 태도, 버팀과 공감으로 이어지는 연대가 어디서든 생의 의미를 꽃피우기를 소망하는 시인의 마음이 배어 있다.

비록 작품 속 화자는 막걸릿집 사장이지만 사실은 자신의 그림자일지도, 또는 우리 주변에서 쉽게 보게 되는 이웃이라 하겠다. 그의 다른 작품들, 「폐업 - 20년의 세월을 철거하다」, 「익명의 시간」, 「생의 막장」 역시 시인의 상처를 드러낸 기록들이다. 그는 그 상처의 옹이를 시의 무늬로 새겨 넣으며, 개인의 절망을 보편적 공감으로 끌어올리고 있다.

◆ 사랑의 변증법적 성숙

> 서로의 측은함을 부축하다가 인생의 모서리가 뭉툭해지면 "익숙하다"를 "시큰둥하다"로 읽으며 헐렁하게 늘어진 속옷처럼 편안해진다.
>
> 황색 신호등 앞에서 갈까 말까를 망설이다가 떼인 신호위반 딱지처럼 웬수와도 같은 정을 어쩔 수 없이 인정해야 한다.
>
> 구겨진 자국은 곱게 펴도 한때 속상했던 기억을 말끔하게 마름질하지 못해서 불안할수록 환하게 웃어야 안심이 되는 위로에 익숙해진다.
>
> 슬쩍 걸쳐 입는 잔소리에 따뜻해진 케케묵은 서운함이 어설프게나마 미안한 표정을 짓는다
>
> 밤새 주고받는 코 고는 소리가 사뭇 다정하다.
>
> — 「관계의 재설정」 전문

이 시는 노년의 부부 관계를 익숙함의 권태로만 보지 않는다. 오히려 서로에게 날을 세우며 상처 주던 젊은 날의 긴장을 벗어나 "익숙하다"라는 말은 어느덧 "시큰둥하다"라는 표정 속에 숨어 버린다. 헐렁하게 늘어진 오래된 속옷처럼, 불편하지만 또 그만큼 편안한 삶의 리듬이 된다.

색 신호등 앞에서 갈까 말까 망설이다가 치른 대가나 웬수 같던 정을 피할 수 없는 인연으로 인정해야 하는 순간이 온다. 구겨졌다 펼친 천에 흔적이 남듯, 속상했던 기억 또한 매끈하게 지워지지 않는다. 그러나 불안할수록 환하게 웃으며 서로를 안심시키는 위로에 익숙해진다. "슬쩍 걸쳐 입는 잔소리"가 어느새 따뜻한 정으로 바뀌고 케케묵은 서운함마저 미안한 표정으로 봉합된다. 젊은 시절이라면 불편했을 코 고는 소리조차, 이제는 서로의 교감으로 밤새 다정하게 주고받는 리듬이 된다.

이는 사랑을 단순한 낭만적 감정이 아닌, 의지적 결단과 삶의 실천으로 이해했던 키에르케고르의 통찰을 떠올리게 한다. 젊은 시절의 사랑이 열정과 감정에 의해 움직였다면, 노년의 사랑은 "그럼에도 불구하고 사랑하기"라는 묵직한 다짐에 기댄다.

더 나아가 이 시가 전하는 메시지는 우리가 맺는 수많은 관계에도 적용된다. 헤겔이 말한 상호 인정(Anerkennung), 즉 자아와 타자가 변증법적 화해 속에서 서로를 인정하는 과정은 친밀함이 신뢰로 바뀌는 지점을 마련한다. 결국 이 시는 사랑을 타인을 바꾸는 행위가 아니라, 서로 닮아가며 관계를 재설정하는 과정으로 읽게 한다. 그 통찰 속에서 우리는 노년의 사랑이 가진 변증법적 성숙을 엿볼 수 있다.

◆ 편향된 담론과 익명의 교묘한 디지털 작동 메커니즘

문영길 시인의 제6 시집에는 다원적 사고의 은유가 곳곳에 숨어 있다. 시편마다 다른 목소리와 감각으로 울리는 그의 언어는 때로는 엇갈리고 때로는 겹치면서 독자의 곁으로 다가온다. 그 목소리들이 공통적으로 향하는 지점은, 디지털 시대의 자극적인 감성에 무방비로 노출된 인간의 취약함이다. 그는 현대 미디어 환경 속에서 조작된 여론, 그리고 우리를 모르는 사이에 편향으로 몰아가는 알고리즘의 장치를 날카롭게 경고한다. 결국 이는 인간성 상실의 우려를 비판적 사유로 응축한 것이며, 그의 시들이 포착하는 다양한 관심사의 축을 이루고 있다. 그런 시편 가운데 특히 디지털 담론의 함정을 날카롭게 드러낸 두 편의 작품을 살펴본다.

> 편향으로 이끄는 그 무엇에 시나브로 매달려
> 알고리즘에 엮여 따라가다 보면
> 진실은 취향에 따라 신념으로 전이된다는 걸

내가 선택한 것처럼 설계된 의도에 따라
타의를 진의로 수정 변경하고
다수결의 왜곡이 확신을 대변해 준다는 걸

쉽게 불타오를 분노가 열등의 자아를 선동하여
편집된 진실을 확대재생산 시켜
관음에 중독된 분별의 기능이 마비되었다는 걸

클릭 한 번에 조력자가 되고 동지가 되는
익명 속에서 마음대로 조작이 가능한
교묘하게 위장된 친절한 변수가 도사린다는 걸

묻지도 따지지도 않는다면서…
― 「생각을 조작해 드립니다」 전문

   플랫폼은 언제나 '친절하고 편리한 서비스'를 제공하는 듯 보인다. 그러나 그 이면에는 조작과 왜곡의 장치가 교묘히 숨어 있다. 시에서 "알고리즘에 엮여 따라가다 보면 / 진실은 취향에 따라 신념으로 전이된다"라는 구절은, 우리가 믿고 따르는 진실이 사실은 객관적 실체가 아니라 권력에 의해 설계된 담론 체계 속에서 생산된 것임을 드러낸다. 푸코가 말한 '규율 권력(disciplinary power)'이 바로 그러하다. 알고리즘은 단순한 기술이 아니라 인간의 사고와 행동을 은밀히 길들이는 장치로 작동한다.
   니체의 말처럼 "진리는 환유와 은유가 굳어져 관습화된

허구"라면, 결국 사람들이 "내가 선택한 것처럼" 믿는 행위는 실은 외부적 자극과 선동에 의해 길들여진 세뇌일 뿐이다. 진리의 외피를 두른 욕망과 기호의 허상, 그 안에서 인간은 자신이 자율적이라 착각하며 의지를 발휘한다고 믿는다. 그러나 시인은 바로 그 믿음의 취약성을 집요하게 파헤친다.

맥락이 다르면서도 같은 선상에 있는 작품 「유튜브 제국의 비열한 장사치」는 제목에서부터 노골적인 풍자를 드러낸다. 시인은 플랫폼을 "혐오를 숙주로 삼는 협잡의 교활한 실체"로 지목하며, 타인의 고통과 비극이 조회 수와 클릭 수로 소비되는 현장을 적나라하게 고발한다. 댓글창에 번식하는 "극한의 능멸"은 오늘날 우리 정치에 기생하는 유튜버들의 선동과 쉽게 겹쳐진다.

"상처 입은 손쉬운 사냥감들은 지천이고 늘 사정거리 안이다"라는 시의 말미는 특히 섬뜩하다. 그것은 단순한 묘사가 아니라, 익명성에 기대어 난무하는 댓글 문화의 폭력성을 응축한 문장이다. 집단적 능욕의 표적은 특정인에 국한되지 않고, 누구에게나 향할 수 있음을 시인은 날카롭게 암시한다.

◆ 서정으로 빚은 자연과 인생의 동일화

    헐겁게 허리끈 풀어 둔 박넝쿨처럼
    늙을수록 은빛으로 맵시 나는 억새처럼

느긋하게 허허롭게

걱정하는 표정 조금도 없는 늙은 갈참나무 밑에서
떨어지는 이파리 하나
우표딱지로 이마에 척 붙이고

우듬지에 몰캉몰캉한 선홍빛 땡감처럼
담 위에 늙은 호박처럼
운치 있게 인심 좋게 넉살 좋게

이참에 나도 가을이나 닮을까 보다
— 「이참에 나도」 전문

헐겁게 풀린 박넝쿨처럼, 은빛으로 맵시 나는 억새처럼, 나이 들어갈수록 인생은 느긋하고 허허로운 자리에 이른다. 문영길의 시 「이참에 나도」는 가을의 정취 속에서 인생의 깊이를 비춰내며, 단순한 계절의 노래가 아니라 인간 실존에 대한 물음을 던진다. 죽음을 포함한 삶을 어떻게 받아들일 것인가, 그 물음에 시인은 '가을을 닮아가는 삶'이라는 자연철학적 해답을 내놓는다.

쇠락을 두려워하거나 죽음을 초라하게 여기기보다, 무르익은 인생의 품위와 유쾌함으로 맞이하고 싶다는 바람이 시 속에 운치 있게 번져 있다. "떨어지는 이파리 하나 / 우표딱지로 이마에 척 붙이고"라는 구절은 죽음을 엄숙한 숙고의 대상이 아니라 장난처럼 다루는 초연함을 보여주는데, 이는 니체가 말한 운명애(Amor fati), 곧 필연을 사랑하는 태도와도 통한다.

    풍요로운 인격으로 자연의 가을과 인생의 가을을 겹쳐 바라보며, 더 충만한 존재가 되고자 하는 소망은 이 시에 고스란히 스며 있다. 문영길은 또 다른 시 「굳이 표현하자면」에서 성숙을 "속살까지 단풍이 물드는 일"이라 했고, 견딤을 "옹이를 가슴에 품고 / 무시로 세월을 견디는 일"로 묘사했다. 결핍을 사랑하고, 작은 별 하나에도 이름을 붙여주는 일로 이어지는 그의 서정은 결국 성숙과 수용, 그리고 불완전함까지 품어내는 존재에 대한 존중의 태도를 보여준다.

◈ 나가며 - 공감의 확장

    문영길 시인은 관념적 은유를 다루는 재주가 탁월하다. 관념적 은유(Conceptual Metaphor)란 추상적 정서와 철학적 사유를 감각적으로 드러내는 수단이다. 단순한 표현의 기교를 넘어, 구체적 경험을 통해 인식하고 사고하게 하는 근본적 장치라 할 수 있다. 이러한 다원적 사유 속에서 은유는 가장 빛나는 언어적 형식으로 존재한다.

    「네가 하현달로 뜨던 밤에」에서 하현달은 단순한 밤하늘의 풍경이 아니라 내면의 정서를 비추는 상징이 된다. 「불멸의 강」에서는 제사상 위 퇴주잔에 가득 담긴 달큰한 젖을 홀짝거리다가, 컴컴한 자궁으로 헤엄쳐 들어가 웅크려 눕는 비유가 등장한다. 이러한 감각적 은유는 독자를 낯선 사물과 감정 속으로 끌어들여, 그 안에서 자신만의 내면을 발견하게 만든다. 시 속 은유는 단순한 치환의 장치가 아니라, 닿을 수 없던 세계와의 다리를 놓아 주는 지혜이다.

그렇다면 이러한 은유가 지향하는 바는 무엇일까. 그것은 바로 공감이다. 공감은 타인의 고통을 이해하는 데 그치지 않는다. 서로 다른 시간과 공간, 상처와 기쁨이 언어 속에서 교차하고 공명하는 경험이다. 시가 가진 힘은 바로 이 공감의 순간에 있다. 한 편의 시가 한 사람의 마음에 작은 울림으로 자리할 때, 그 울림은 또 다른 마음으로 번져 나가 세상을 다정하게 잇는다.

이렇듯 문영길의 여섯 번째 시집 『따뜻함의 언저리』는 단순한 시적 기록을 넘어, 사회적 경쟁에서 밀려난 이들의 상처를 보여주고, 그것을 어루만지는 손길 속에서 온기의 진정한 가치를 드러낸다. 불확실한 세상을 살아가는 우리에게, 그 공감과 위로의 언어는 작지만 강력한 지표가 된다. 시집 속 언저리의 빛은, 삶의 균열 속에서도 인간다움을 지켜 나가는 길을 조용히 비추고 있는 영화 속 장면을 보듯, 문영길 시의 언저리에서는 삶과 인간 본연의 진실이 요약된 형상으로 휘감아 돌고 있다.

이 글을 마치며, 마지막 촌평寸評을 남긴다. 문영길 시인

시의 언저리는 회색빛에 가깝지만, 그 안엔 삶의 본질과 인간다움이 묻어난다. 삶의 가장자리에서 피어나는 온기, 관계 속의 다정함, 디지털 사회의 경계와 성찰, 자연과 동일시된 인생의 가을. 이 모든 현상이 때론 칼날처럼 날카롭게, 또는 절규처럼 아프게 다가오게 하는데 문영길 시인은 표현의 기교를 넘어, 구체적 경험을 통해 인식하고 사고하게 하는 근본적 장치를 활용하는 언어적 마술로 독자를 공감 속으로 이끈다. 독자는 그 언저리에 서서 스스로를 되돌아보고, 일상에서 놓치고 있던 또 다른 자신과 마주한 삶을 이어갈 것이다. 문영길 시인님의 시가 던지는 여운은, 결국 삶의 결핍과 권태 속에서도 인간으로서 살아갈 수 있는 길을 조용히 가리킨다.

문영길 여섯 번째 시집
따뜻함의 언저리

인쇄일: 2025년 10월 25일
발행일: 2025년 10월 31일

지은이: 문영길
펴낸이: 최경식
펴낸곳: 청옥출판사
인쇄처: 세종문화사

출판등록 제10-11-05호
E-mail: sik62001@hanmail.net
전화: 051-517-6068
값 12,000원

ISBN 979-11-91276-88-6 03810

부산광역시 BUSAN METROPOLITAN CITY
부산문화재단 BUSAN CULTURAL FOUNDATION

본 도서는 2025년 부산광역시, 부산문화재단(부산문화예술지원사업)으로 지원을 받았습니다.

* 이 책의 무단전재 및 복제행위는 저작권법에 의거, 처벌의 대상이 됩니다.